우리는
반대
합니다!

First published in Spanish as Pequeña historia de un desacuerdo
© 2017 Ediciones Ekaré Sur, Santiago, Chile.

Korean translation copyright © 2019
by Green Frog Publishing Co.
This Korean Language Edition is Published by arrangement with Ekaré Europa S.L
through The Agency Sosa.

이 책의 한국어판 저작권은 에이전시 소사를 통한 Ekaré Europa S.L와의 독점 계약으로 초록개구리에 있습니다.
저작권법에 의해 한국 내에서 보호를 받는 저작물이므로 무단 전재와 무단 복제를 금합니다.

우리는 반대 합니다!

의견이 다를 때 어떻게 해야 할까?

클라우디오 푸엔테스 글
가브리엘라 리온 그림 | 배상희 옮김

초록개구리

월요일, 방학이 끝나 학교에 가 보니 깜짝 놀랄 일이 우리를 기다리고 있었어요.

위험　　위험　　위험　　위험
위험　　　위험　　　위험

어마어마하게 큰 크레인이 공중을 가로지르고,
나무로 된 안전벽이 운동장을 떡하니 막고 있었지요.
"이게 뭐야?" 우리는 서로에게 물어보았어요. 누군가 나직이 말했어요.
새 건물을 짓기 위해 칠레소나무를 자르려고 하는 거라고요.
"나무를 잘라?" 몇몇 아이들이 놀라서 되물었어요.
"건물이라고? 무슨 건물인데?"

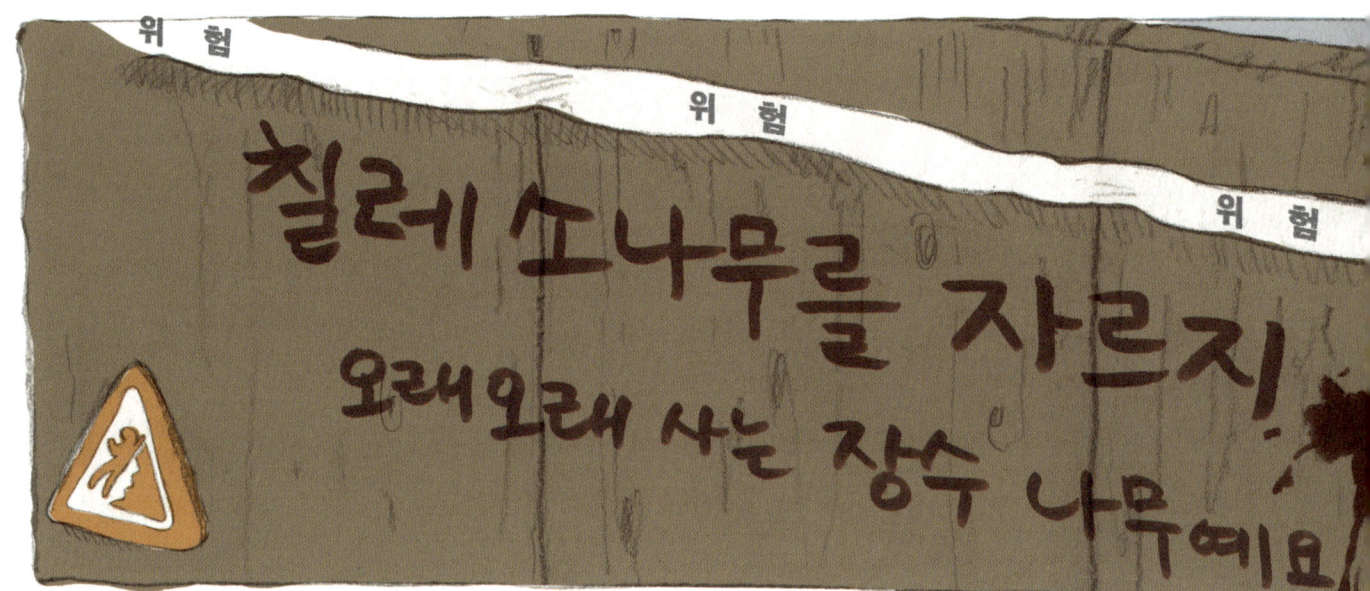

첫 쉬는 시간에 많은 아이들이 안전벽 앞으로 우르르 몰려갔어요.
안전벽에는 등교할 때까지만 해도 없던 글이 쓰여 있었어요.
'칠레소나무를 자르지 마세요. 오래오래 사는 장수 나무예요.'

몇몇 아이들이 흥분해서 소리쳤어요. "장수 나무! 장수 나무!"
그러자 더 많은 목소리가 합해졌어요. "장-수-나-무! 장-수-나-무!"
수위 아저씨가 깜짝 놀라서 질서를 잡으려고 했어요.

"자, 자, 얘들아, 왜 그러니?"

학생들은 이틀 동안 '장수 나무'를 외쳤어요. 그러자 교장 선생님은 급히 전교생을 불러모으고 회의를 열었어요.
교장 선생님은 신축 건물 공사 계획에 대한 회의라고 설명했어요. 그러고는 설계도면을 보여 주었지요.
새 건물을 지으면, 당연히 학교가 더 좋아지고 발전할 거예요. 교실, 실험실, 컴퓨터실이 새로 생기니까요.
대신 우리는 운동장을 잃겠지요. 그리고…… 칠레소나무도요.

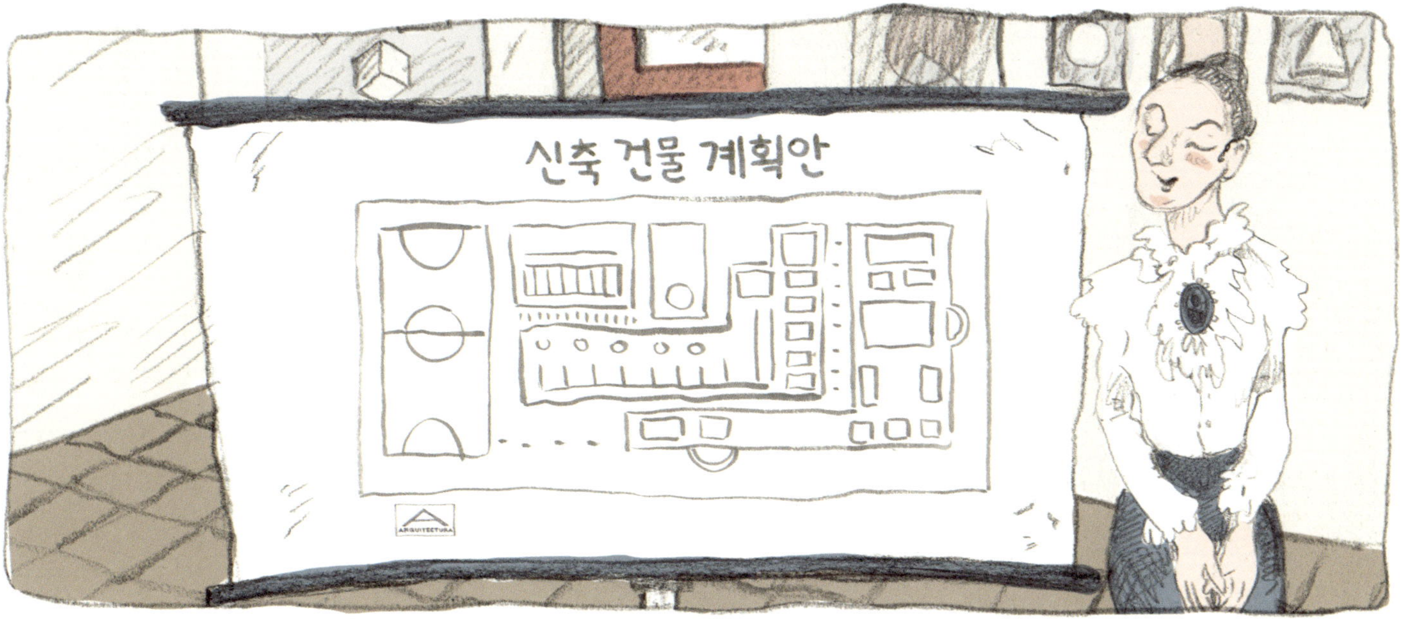

교장 선생님 말씀이 끝나자 '장수 나무' 말고 다른 소리가 흘러나왔어요.

"학-교-발-전! 학-교-발-전!" 처음에는 쭈뼛쭈뼛 외치던 소리가 점점 힘차게 들렸어요.

목요일 아침, 칠레소나무에 큰 팻말이 걸렸어요.

그 뒤로도 어찌된 일인지 날마다 장수 나무 주변에 새로운 팻말이 나타났어요.

밤새 몰래 철조망을 뛰어넘어 팻말을 걸어 놓은 사람은 '장수 나무 팀' 아이들이었어요.
새 건물을 짓는 데 찬성하는 아이들은 "저 아이들이 '장수 나무 팀'이면, 우리는 '학교 발전 팀'이야."
하고 말했지요. 그러고는 그 아이들도 벽보를 붙이고 플래카드를 들고서 시위했어요.
어느 날 한 팀이 반대 시위를 하면, 바로 다음 날 상대 팀이 시위를 했어요.
어떤 때는 두 팀이 한꺼번에 하기도 했지요.
시위가 자주 일어나자, 교장 선생님은 다시 회의를 열기로 했어요.

"문제를 해결하는 가장 좋은 방법은 대화하고 서로의 의견을 듣는 거예요."
교장 선생님이 말했어요.
두 팀 모두 한꺼번에 소리쳤어요. "장수 나무!" "학교 발전!"
역사 선생님이 나섰어요.
"건물 건축을 반대하는 학생들도 있고, 찬성하는 학생들도 있다는 걸 알아요."
외치는 소리가 점점 잦아들었고, 역사 선생님은 말을 이었어요.
"모두 자기 의견을 말할 수 있도록 토론회를 열 것을 제안합니다.
그러려면 양 팀 모두 자신들 주장을 어떻게 펴 나갈지 곰곰이 생각해야 할 거예요.
책에서 배웠던 민주주의를 실천해 봅시다."
교장 선생님이 역사 선생님의 제안을 받아들였어요. "음…… 흥미롭겠군요."
하지만 우리는 아니었어요. '어휴! 숙제가 생겼잖아!'

우리는 도서관에 가고, 인터넷에서 검색하고, 선생님들에게 질문했어요.
그리고 모둠별로 앉아서 의견을 나누고 생각을 정리했어요.

자연을 위하는 장수 나무 팀

- 문화재 보호 관련법 제249조에 따라, 칠레소나무는 1976년에 국가 지정 문화재로 지정되었습니다.
- 칠레소나무는 멸종 가능성이 높습니다. 그래서 보존되고 보호되어야 합니다!
- 우리는 자연 속에서 쉴 수 있는 공간이 필요합니다. 우리는 자연을 사랑합니다!
- 칠레소나무는 매우 오래된 유산이고, 칠레 원주민과 우리를 이어 주는 끈입니다.

그 주가 끝날 무렵, '장수 나무 팀'은 모두 한 교실에 모여 토론회에서 어떤 주장을 내세울지 정했어요.
'학교 발전 팀'도 다른 교실에서 똑같이 했지요.

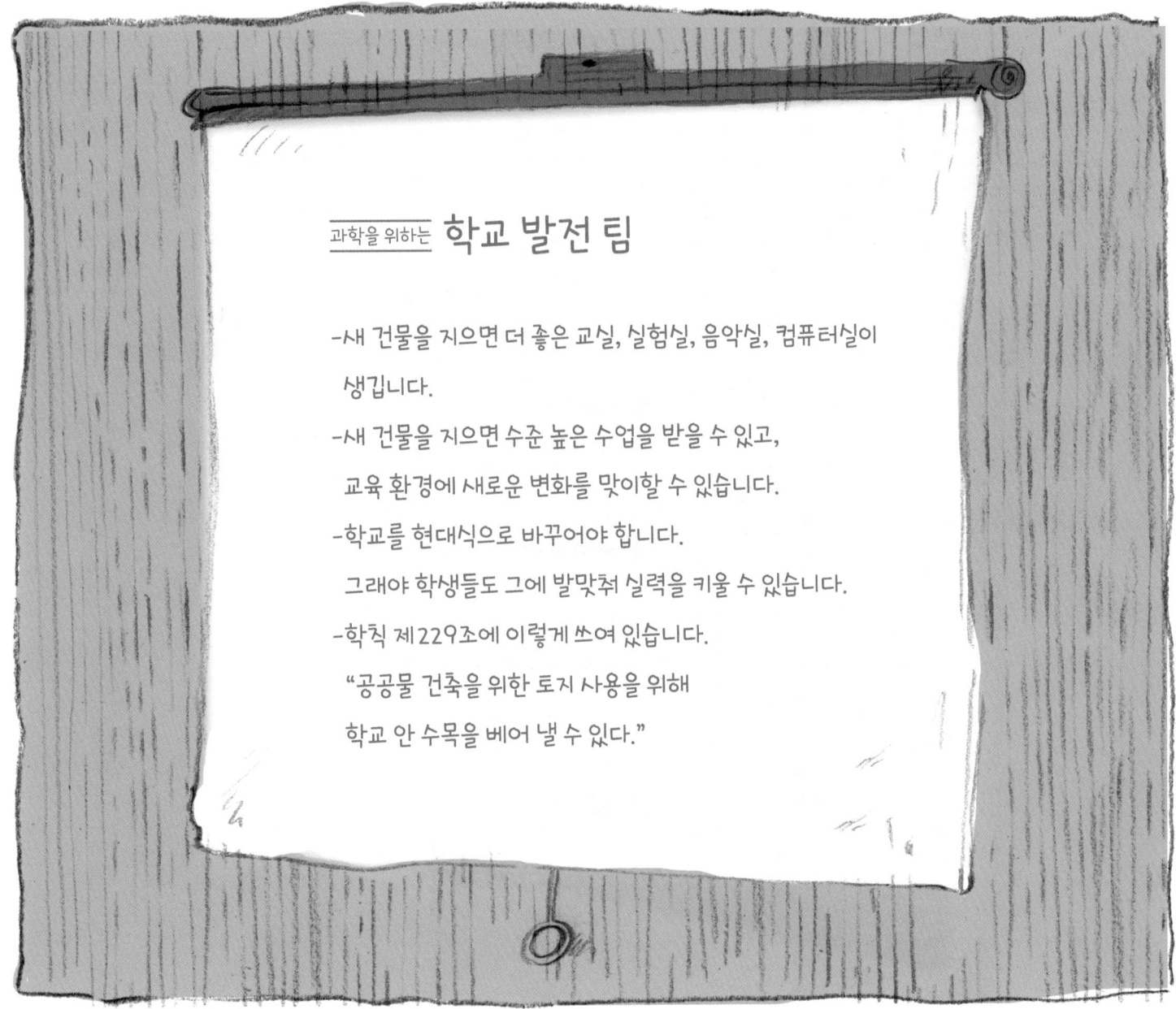

과학을 위하는 **학교 발전 팀**

- 새 건물을 지으면 더 좋은 교실, 실험실, 음악실, 컴퓨터실이 생깁니다.
- 새 건물을 지으면 수준 높은 수업을 받을 수 있고, 교육 환경에 새로운 변화를 맞이할 수 있습니다.
- 학교를 현대식으로 바꾸어야 합니다. 그래야 학생들도 그에 발맞춰 실력을 키울 수 있습니다.
- 학칙 제229조에 이렇게 쓰여 있습니다. "공공물 건축을 위한 토지 사용을 위해 학교 안 수목을 베어 낼 수 있다."

토론은 '대박'이었어요.
확신이 없던 사람들이 이쪽 또는 저쪽으로 생각을 정했지요.

'학교 발전 팀'은 자신들의 주장을 똑 부러지게 보여 주었어요.
'장수 나무 팀'은 사람들 마음에 뜨겁게 불을 지폈어요.

우리는 역사 선생님에게 한 가지 더 제안했어요.
"이제 투표를 하면 좋겠습니다."
선생님은 바로 동의했어요.

"네, 투표는 몇 명이 찬성하고, 몇 명이 반대하는지 알 수 있는 가장 좋은 방법이에요.
찬반 투표를 하지요. 새 건물을 짓는 데 '찬성' 또는 '반대'로 답하는 거예요."
교장 선생님은 망설이다가, 결국 허락했어요. "음…… 흥미롭겠군요."

두 팀은 투표를 위한 운동을 시작했어요!
플래카드를 만들고, 포스터를 붙이고, 팸플릿을 나누어 주고, 영상까지 마련했어요.

거의 모두가 의견을 내놓았어요. 수줍음이 많은 아이들까지도요. 찬반 투표를 준비하는 일에 학교에 있는 거의 모든 사람들이 참여했어요. 처음 있는 일이었지요.

우리는 투표소와 투표함을 설치하고, 학생들과 학교에서 일하는 모든 사람의 명단을 인쇄했어요.
학생, 선생님, 직원 모두 투표권이 있지요.

학교를 뜨겁게 달구었던 한 주가 지나고, 마침내 투표하는 날이 되었어요.
우리는 다음 물음에 답해야 했어요.

'당신은 건물을 짓기 위해 칠레소나무를 베어 내는 데 찬성하십니까?'
투표지에 적힌 '찬성' 또는 '반대'에 표시하는 거예요.

기나긴 하루였어요.
오후가 되자 드디어 개표를 시작했어요.

우리 모두 안절부절못했어요. 누가 이길까요?

장수 나무 팀? 학교 발전 팀?

6시 정각에 교장 선생님은 마이크를 들었고,
몇 초 동안 아무 말 없이 가만히 있었어요.
그런 다음 입을 뗐지요.
"신기한 일이네요. 표를 두 번 셌는데도, 찬성과 반대 득표수가 똑같이 나왔습니다."

득표수가 똑같다고?

교장 선생님은 2차전을 제안했어요. 또다시 운동을 벌이고, 투표를 하는 것이지요.
안 돼요! 아무도 2차전을 원하지 않았어요. 우리는 지쳤거든요.
교장 선생님이 말했어요.
"이해합니다. 하지만 학교를 위해 필요한 과정이었어요.
음…… 매우 흥미롭기도 했고요.
그렇지 않나요?"

그 순간은 아니었어요. 흥미롭다는 생각도 들지 않았어요.
하지만 시간이 흐르면서, 우리는 여러 가지 새로운 사실을 깨달았어요.
결정을 내리는 것도, 해결책을 찾는 것도 쉽지 않다는 것을요.
그리고 내 의견에 반대한다고 해서 적이 되는 것이 아니라, 서로를 더 잘 알게 된다는 것을요.
누군가 말했지요. 의견 차이에서 더 좋은 생각이 나올 수 있다고요.
게다가 매우 중요한 사실은, 투표를 한 뒤에 우리는 학교 구성원의 절반이 새 건물을 원하고,
또 다른 절반이 원하지 않는다는 것을 알게 되었지요.
그 사실은 우리에게 새로운 길을 열어 주었어요.

칠레소나무와 건물 건축에 얽힌 일이 모두 끝난 뒤에도, 역사 선생님은 여전히 열정이 넘쳤어요. 그래서 학생들에게 숙제를 내 주었지요.
우리는 투표를 하면서 느낀 점을 바탕으로 생각을 좀 더 발전시켜야 했어요.
선생님이 말했어요.
"공동체에서 합의를 이끌어 내려면 무엇을 고민해야 하는지 생각해 봅시다."
그러고는 칠판에 이렇게 썼어요.

  1. 표현의 자유가 무엇이고, 어떻게 그 권리를 행사할까?
  2. 자기 의견을 제대로 표현하려면 무엇을 준비해야 하나?
  3. 투표는 무슨 역할을 할까?

그래서 우리는 또 다시 숙제를 풀어야 했지요.

1. 표현의 자유와 시위

표현의 자유는 어느 누구라도 누려야 하는 인간의 권리입니다. 이는 자기 생각을 정중하게 표현하면서, 다른 사람의 의견을 귀 기울여 듣는 것입니다. 자기 생각은 글이나 목소리로 표현할 수 있습니다. 관공서에 편지를 쓰고, 언론이나 인터넷에 생각과 의견을 내놓을 수 있습니다. 또 자신과 같은 의견을 가진 사람들이 많으면 시위를 하거나 반대 운동을 펼칠 수 있습니다. 표현의 자유를 드러내는 방법 가운데 하나가 반대 시위입니다. 기억할 만한 반대 시위는 다음과 같습니다.

■

1919년, 영국의 지배를 받던 인도에서 독립운동 지도자 마하트마 간디는 평화적 저항 운동을 펼쳤습니다. 평화적 저항 운동은 기나긴 행진, 영국 상품 불매 운동, 시민 불복종 운동, 단식 투쟁으로 이어졌습니다. 간디가 이끈 비폭력 투쟁 덕분에, 1947년 인도는 영국에서 독립을 했습니다.

■

2006년, 칠레에서 수천 명의 중학생과 고등학생이 정부의 교육 불평등과 영리 목적의 교육에 저항해 개혁을 요구하며 스스로 조직을 짜서 학교에서 밤을 지새워 시위를 벌이고 거리로 나가 행진했습니다. 검정 교복 차림의 학생들이 펭귄처럼 보여서 '펭귄 혁명'이라 불립니다.

■

2010년, 북아프리카 튀니지를 시작으로 아랍 국가들에서 각 나라의 민주주의를 요구하는 시위가 잇따라 일어났습니다. '아랍의 봄'이라 알려진 시위로, 정부의 부패와 타락, 빈부 격차, 높은 실업률 때문에 분노한 대중들이 거리로 뛰쳐나왔습니다.

■

19세기 말부터 세계 곳곳에서 투표권을 요구하는 여성들이 나타났고, 여성단체들이 생겼습니다. 그때는 남자들만 투표할 수 있었기 때문입니다. 이 여성들이 벌인 시위는 '여성 참정권 운동'이라고 불렸습니다. 20세기에 들어서면서 세계 여러 나라의 여성들이 투표권을 갖게 되었습니다.

> 뉴질랜드 1893년 · 오스트레일리아 1902년
> 미국 1920년 · 영국 1928년 · 에스파냐 1931년
> 일본 1945년 · 프랑스 1946년 · 한국 1948년
> 칠레 1952년 · 스위스 1971년 · 쿠웨이트 2005년

■

1950~1960년대, 미국에서는 아프리카계 미국인들이 평등한 대우를 받기 위해 운동을 펼쳤습니다. '시민권 투쟁'이라 불리는 이 운동은 아주 작은 움직임에서 비롯되었습니다. 아프리카계 미국인인 로자 파크스가 버스에서 백인 승객에게 자리 양보를 거부하면서 시작되었지요. 1950년대 미국에는 학교, 병원, 상점 같은 공공장소뿐 아니라 기차와 버스까지 백인 자리와 흑인 자리로 뚜렷이 나뉘어 있었습니다.

2. 자기 의견을 표현하는 토론

중요한 일을 결정할 때 의견이 찬성과 반대로 나뉜다면 토론으로 해결 방법을 찾을 수 있습니다.

- 토론의 목적은 모두 제 주장을 펼치는 것입니다.
- 근거를 들어 주장을 펼치고, 근거에 대한 구체적인 자료를 내놓습니다.
- 주어진 시간 안에 주장을 펼칩니다.
- 상대편의 주장을 귀담아듣습니다.
  상대편의 주장을 들을 때 자신의 생각이나 계획의 장점과 단점이 또렷이 드러나기도 합니다.
- 토론에 참여한 사람들은 궁금한 것을 물어 봅니다.
  누구나 고루 할 수 있도록 질문은 간단하면서 분명해야 합니다.

민주주의 국가에서는 각 지역 대표들이 모여서 지역 주민들을 대신하여 여러 가지 일을 의논하고 토론을 벌입니다. 지역 대표들은 다음과 같은 일을 합니다.

- 각 지역 대표들은 주민들이 가진 불만이나 요구 사항을 알아봅니다.
  지역에서 일어난 문제를 놓고 토론회를 열어 주민들의 의견을 듣습니다.
- 대표들은 지역 살림살이를 하는 데 필요한 내용을 규칙으로 정한 조례를 만들거나 새로 고칩니다.
  지역 살림살이에 필요한 예산도 꼼꼼하게 결정합니다.
- 대표들은 시청과 도청이 예산을 계획에 맞게 사용하였는지 확인합니다.
  직접 현장에 나가 지역을 위한 일들이 잘 처리되었는지 살펴봅니다.

3. 투표의 역할

모든 사람이 모여 지역에서 생긴 문제를 의논하고 결정하기 어렵기 때문에 지역을 대표할 사람을 뽑습니다. 이처럼 자신들을 대표할 사람을 뽑는 것을 '선거'라고 합니다. 이 과정에서 자신이 지지하는 후보자에게 표를 던지는 것을 '투표'라고 합니다. 투표는 선거에서처럼 대표할 사람을 뽑거나 중요한 일을 결정할 때 찬성과 반대 의견을 드러내기 위해 합니다.

선거에는 꼭 지켜야 할 네 가지 원칙이 있습니다.

- **보통 선거** 일정한 나이가 되면 누구나 투표할 수 있습니다.
- **직접 선거** 아무도 다른 사람을 대신하여 투표할 수 없습니다.
- **비밀 선거** 투표자가 누구에게 투표했는지 알 수 없습니다.
- **평등 선거** 모든 표는 똑같은 가치를 지니고, 누구에게나 단 한 표만 주어집니다.

전 세계 80여 나라에서 다음과 같은 중요한 결정을 하기 위해 투표를 합니다.

- 대통령과 국회의원을 뽑습니다.
- 나라의 중요한 문제를 결정합니다.
- 지방 선거를 통해 도지사, 시장, 도 의원, 시 의원과 같은 지역 주민의 대표를 뽑습니다.
- 지역의 문제를 해결하기 위해 중요한 일을 결정합니다.

좀 더 알아보아요!

- 누구나 대통령으로 뽑힐 수 있나요?
- 국회의원도 누구나 할 수 있나요?
- 다른 나라에 살고 있는 우리나라 국민도 투표할 수 있나요?
- 몇 살부터 투표할 수 있나요?
- 선거 토론회는 왜 하나요?
- 대표를 뽑을 때 가장 중요하게 여길 점은 무엇인가요?

우리는 반대합니다!

처음 펴낸 날 2019년 5월 15일 | **여섯 번째 펴낸 날** 2024년 5월 31일
글 클라우디오 푸엔테스 | **그림** 가브리엘라 리온 | **옮김** 배상희
펴낸이 이은수 | **편집** 오지명 | **디자인** 합정디자인스튜디오
펴낸곳 초록개구리 | **출판등록** 2004년 11월 22일(제300-2004-217호)
주소 서울시 종로구 비봉2길 32, 3동 101호 | **전화** 02-6385-9930 | **팩스** 0303-3443-9930
페이스북 www.facebook.com/greenfrog.pub

ISBN 979-11-5782-078-8 74870
ISBN 979-11-5782-035-1 (세트)

이 도서의 국립중앙도서관 출판시도서목록(CIP)은 서지정보유통지원시스템 홈페이지(http://seoji.nl.go.kr)와
국가자료공동목록시스템(http://www.nl.go.kr/kolisnet)에서 이용하실 수 있습니다.(CIP제어번호: CIP2019014227)